아니,

네가

토마토래

아니,
네가
토마토래

최정민
시집

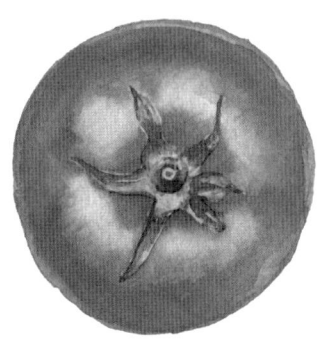

책나무출판사

| 시인의 말 |

　시를 쓴지 서른아홉 해가 되었습니다. 저는 하나님을 사랑하고 복음을 전하기 위해 시인이 되었지요. 시를 사랑했고, 사람과 꽃을 사랑하다 보니 늘 사랑을 표현하게 되었습니다. 독자분들께서는 제가 늘 연애 중이라고 생각하실 정도여서, 어느새 '사랑 시인'이라는 별명이 붙었네요. 생각해 보면 제 안에 사랑이 참 많았던 것 같습니다.

　사랑에 목마른 시간도 있었지만, 중년이 다 되어 다시 한번 시를 엮어 책으로 낼 수 있게 되어 진심으로 기쁩니다. 이 책이 세상에 나오기까지 애써주신 책나무출판사 편집장님께 깊은 감사를 전합니다.

  시간이 흘러 시는 금빛이 될 만큼 무르익었지만, 시인은 은빛 머리를 가진 초라한 모습으로 늙어갑니다. 하지만 시인의 사랑은 영원히 독자들의 가슴속에 살아 숨 쉬겠지요.

가을로 넘어가는 여름날에
시인 최정민 올림

| 목차 |

시인의 말 · 4

1부

예쁘다 · 11 / 벚꽃이 필 때 · 12 / 별을 보러 밤하늘로 갈까 · 14 /
가만가만 두드려 보니 · 15 / 햇살이 비치면 · 16 / 같이 길을 걷는다 · 17 /
너와 나 죄 씻으러 주 예수님이 오셨단다! · 18 / 오월이 가고 있다 · 20 /
꽃잎 · 21 / 오! 붉은 태양 · 22 / 꽃이 핀다 지독히도 곱게 · 24 /
자객 · 26 / 바로 지금이야 · 27 / 내 마음 · 28 / 내 사진에는 · 29 /
동백꽃 · 30 / 꽃이 예뻤다 · 31 / 봄볕 · 32 / 좋은 날이 오기를 · 33 /
오랜만에 친구를 만나 · 34 / 우린 모두 행복이야 · 35 /
예쁨 주의 · 36 / 마음 한 조각 · 37

2부

날 보고 · 41 / 두 자매 · 42 / 봄맞이 · 43 / 동화 속 바다 · 44 /
예쁜 사람 · 45 / 무릎 · 46 / 누가 사랑스러울까 · 47 / 아름다운 예배 · 48 /
아들아 장하다 · 49 / 행복한 선물 · 50 / 담임 목사님 취임 감사 예배 · 51 /
결혼 기념 · 52 / 온화한 사람들 · 54 / 온기 · 55 / 오늘 저녁 · 56 /
꽃이라고 부를게 · 57 / 친구가 가기 전에 · 58 / 가을 반갑다 · 59 /
원하는 대로 · 60 / 빈말 · 61 / 새로운 만남 · 62 / 즐거운 여유 한 잔 · 63

3부

만나고 싶은 사람이 되었습니다 · 67 / 함께하고픈 시간들 · 68 /
달링 무스 샌드위치 · 70 / 오늘만 살아도 예쁘다고 할게 · 71 / 답답중 · 72 /
품위 있는 그녀 · 73 / 사랑하는 언니에게 · 74 / 청귤을 담아요 · 76 /
어떤 향기일까? · 77 / 그냥 좋아하는 마음도 접어야 하는 시대 · 78 /
행복이었다 · 80 / 커피 값을 주던 친구가 있었지 · 82 / 감성 저격 · 84 /
바쁘다 바빠 · 86 / 제주의 예쁜 날들 · 88 / 베이스 7현 게스트하우스 · 89 /
아들 · 90 / 내가 좀 안아줄까요 · 92 / 행복도 오네요 · 93 / 함께라서 행복해 · 94 /
커피보다 사람이 더 그리운 오늘입니다 · 95 / 따뜻한 감사 · 96

4부

해피니스 · 101 / 네가 전부 · 102 / 연꽃 공원 · 103 / 꿈같이 예쁜 날들 · 104 /
아니 네가 토마토래 · 106 / 소름 · 107 / 내 눈에 예쁜 당신 · 108 /
행복 기억법 · 109 / 오늘 · 110 / 나는 봄인 줄 알았어요 · 112 /
봄은 오지 않아도 꽃은 핀다 · 114 / 봄 · 115 / 달아 달달해! · 116 /
노란 나비야 · 117 / 바람 향 · 118 / **빠름 빠름** · 119 / 딴청 · 120 /
조심스레 다가오네요 · 121 / 곶감 · 122 / 그냥 그래라 · 123 /
나도 널 사랑하면 안 되니? · 124 /
결혼기념일 · 125 / 나도 복되다 하셨지요 · 126

• 1부 •

예쁘다

예쁜 날들을 주신 주님께 감사합니다
이가 빠지고 엉성한 모습이 초라했는데
임플란트로 예쁘다 하고 느끼게 하심을 감사합니다

먹지 못하고 아픔을 호소했던 마음에
꽃이 피는 행복을 주셔서 감사합니다
참으로 아름다운 모든 것을 선물해 주신 하나님
그 은혜 잊지 못하고 감사합니다

오늘이 이가 생겨서 참 행복합니다
그리고 늙었어도 환하게 웃는 얼굴이 사랑스러워
감사합니다 하나님

벚꽃이 필 때

하얀 벗님이여
떠나가시나요
눈이 오듯
하얀 웨딩드레스 입고
오시는 길인가요
오늘이 가기 전 오세요
방긋 웃는 해맑은 하얀 미소로

차가워서 못 오실까
염려 마셔요
사랑으로 덮인 마음
벚꽃으로 피어 날리리다
흰 등불 되어 맞으리다
하늘거리는
가벼운 걸음으로 오셔요

사뿐히 날개 치며
환희로 오셔요
내 임이여 벗처럼 고운 임이여
벚꽃이 피면

벚꽃 향기로 오서요
잊지 못할 눈부심으로 오서요
그댈 안고 싶어요

벚꽃이 하얗게 피며
하얗게 질 때
내가 그리워 울지 마서요
벚꽃 잎 가냘프게 날리는 날
내 꿈에 하얀 꿈으로 오서요
다시 사랑을 하고
다시 마주 손잡아 드리리

별을 보러 밤하늘로 갈까

까만 밤하늘 향해서
반짝이는 눈망울로
쏘아 올린 별들의 세계
하나
둘
셋
꽈당 어둠이 어두워서 받아버렸다

여기도 별
저기도 별
하늘 위 별들이 쏟아져서 밤하늘에 흩어졌다
내 눈에도
여기저기 박혀서 빛났다

가만가만 두드려 보니

가만가만 두드려 보니
내가 속았어
부드러운 물결인가 했더니
포근한 땅속이었어

살짝 심어둘까 내 사랑
언제 싹이 나올까 기다리며
땅을 만지면서 생각했어
아! 이것은 소망이구나!

그래 비스듬히 세운 가지도
거센 바람도
아기자기 풀잎도
사랑이었지

햇살이 비치면

눈을 감는다
푸르른 잎들이 노래하는
산골 같은 마음에 꽃이 피어난다
노래하는 새들이 날면 예쁘다

햇살이 뜬다
밤사이 어둠이 가라앉으면
닿기도 전에 흘러넘친다
한 자락 바람이 불면 기분이 좋다

가슴이 뛴다
한구석에도 놓을 수 없는데
이리도 애타게 사랑이 들어온다
해가 비추면 너에게로 가고프다

같이 길을 걷는다

하늘이 열리는 아침
너를 맞아 인사하고 꿈꾼다
평안을

해가 더운 열기로 가득할 때
만나서 웃는다
그냥 바라만 봐도

다정스럽게 이야기하며
카페에 앉아 못다 한 이야기를 나누며
길을 걷는다 같이

너와 나 죄 씻으러 주 예수님이 오셨단다!

너와 나 죄 씻으러 주 예수님 오셨단다!
녹슬지 않는 천국의 열쇠입니다
항상 기뻐할 동기
쉬지 말고 기도할 제목
범사에 감사할 이유입니다

다른 곳에서 찾으려 했던 기쁨
발견하고 찾아서 느끼려던 감사
주시고 문제가 해결되어야만
혹은 문제가 발생해야만 하던 기도
허울 좋은 껍데기였습니다

그렇습니다
예스 예스 예스
너와 나 구원하신 예수 그분이
바로 항상 기뻐할 원천이었고
너와 나 구원하신 그분이

바로 범사에 감사할 제목이었고
너와 나 우리를 생명으로 인도하신 그분이

바로 쉬지 말고 기도할 제목이었습니다
할렐루야! 할렐루야! 할렐루야!
평안할 수밖에 없는 이유입니다

오월이 가고 있다

오랜만에 카페에 나와 앉았다
굴속에서 묶여 살다가 나온 사람처럼 낯선 행복이다
오월이 가고 있다
한 달 내내 무엇을 했는지 모를 일이다

종종거리며 살아도 늘 거기에 그대로 있다
해가 뜨기가 무섭게 움직이고
어둠이 불을 밝혀도 또 일이 주어지고
하루가 일을 몰아다 준다

오늘도 이렇게 나도 모르는 사이에
여기까지 밀려와 있다
오미자가 붉게 인사를 하는 잔 너머
또 다른 일을 하러 가야 해서 차가 오나 기다린다

꽃잎

꽃잎에 세월이 묻었다
그리움이 묻혔다
나도 묻어갔다

꽃잎이 부드럽게 시들어
떨어지는 날
세월은 무디어지고
그리움은 잊히고
나는 늙어갔다

오! 붉은 태양

오! 붉은 태양
그 태양이 떠오른다
아궁이 같은 붉은
용암을 뚫고

고운 아침을 머금은
밤의 어둠이
붉어져 타오른다
펄펄 끓는

아궁이 속은
불꽃으로 차고
그 속을 헤집고
나온 붉음은 태양이다

길고 긴
떠오르는 해처럼
아궁이 앞에서
노을로 비춘다

마음속으로
가득 울리던 붉음이
사랑이라 노을로 번져
오! 붉은 태양

꽃이 핀다 지독히도 곱게

꽃이 핀다
연달아 핀다
한 번 입 벌린 꽃은
지지도 않아
지독히도 곱게 핀다

한 방울의
물고를 트기 위해
연신 피워대는
꽃의 하늘거림
흐르고 있다
강이 이내 흐른다

이제
꽃의 향연에
춤추어라
붉은 봉오리여
너는 죽어도
피지 않을 꽃잎이 되어

아!
갓 피어난 꽃 위로
떨어지는 향기에
봉오리가 이리도 고운
꽃이 들어가 앉으면
꽃은 핀 꽃은
더 과감히 피어난다

자객

사랑이 자객이 되어
외로움을 암살했다
지독히도 쓸쓸했던
시간들과의 싸움
병든 몸을 껴안고 울던
삼백육십오일
울부짖으며
견디어야했던 외로움

이제
자객이 들며
암살된 외로움 속에
슬프다
아프다
외롭다 하던
몸부림이 떠났다
많이도 서러웠던…

바로 지금이야

행복해서 웃을 때는 지금이야
바로 웃자
만지작만지작 쑥스러워서
못 뱉는 말 할 때는
바로 지금이야 사랑해
알지 알지
널 이해하고 공감할 때는
지금이야 괜찮아 네 마음이야
그래 그래 그래도 된다고
살짝 응원할 때도
바로 지금이야
응 알았어 응 네가 옳아

내 마음

조용히 피어
조용히 지고 싶다
붉다고 환호해도

화들짝 놀라게 감탄해도
봄이 내 세상인 양 읊어대도
조용히 살고 싶다

한낮 어린 계집이 태어나
한여름 땡볕에 타들어가는 어미가 되어
그저 말없이 지녀온 세월이 구슬프게 울어도
조용히 가고 싶다

내 사진에는

내 사진에는 꽃이 피어 있고
내 사진에는 하늘이 열려 있고
내 사진에는 사람들이 웃고 또 웃고 다시 웃고 있다

나는 꽃이 좋다
하늘이 좋다
사람이 너무 좋다 그래서 사진을 찍고 또 찍고
다시 또 찍는다

그냥 멋스러워 인위적으로 웃지 않아도
항상 열려 있는 마음으로 활짝 웃는 모습으로
뒷모습에도 웃음이 나타나 있다

내가 찍는 사진에는 가식이 없다
찐 미소와 순수한 감정이 가득하다
그래서 내 사진은 꽃처럼 피어난다

동백꽃

방글방글 동백꽃이 웃었다
연한 핑크색 잇몸을 내밀고
수줍게 몸짓하며
여기저기 탁탁 호두 떨어지듯
뻘겋게 피었다 얼굴이

두리번두리번 얼굴을
이리 내밀고 저리 내밀고
급하게 찾느라고
동에 번쩍 서에 번쩍
얼굴이 몇 개인지도 모르게

꽃이 예뻤다

꽃이 예뻤다
바람이 욕심낼 만큼

꽃이 예뻤다
나보다 더

꽃이 어쩜 이렇게 예쁠 수 있지
감동 감동 눈을 뗄 수 없어

꽃이 예뻐서
바람에게 뺏길 뻔했다

봄볕

고운 다독임이 따스하여
땅으로 연둣빛이 발하여
톡톡 터지는 햇살에 녹아들어
나에게도 온다

온통 세상이
보석함을 열어 놓은 듯
반짝이다 설레었다
따스한 봄눈이 다정스럽게

좋은 날이 오기를

꽃같이 좋은 날이 오기를
날아다니는 벌 떼처럼
맛있는 달콤한 날들이 계속되기를
밝은 태양처럼 따뜻한 날들이기를
간절히 바라서 봄이 되었어

너네 엄마도
우리 아빠도 청춘을 바쳐서
자식이 꽃같이 피기를
자식이 달콤하게 살기를
자식이 웃고만 살아가기를
간절히 원해서 부모가 되었어

오랜만에 친구를 만나

오랜만에 친구를 만나고
차를 마시며
도란도란 얘기를 나누었다
꽃같이 상기된 얼굴로
반짝거렸다 두 눈이

오늘 만난 사람과 친구가 되고
알밥과 가락국수를 먹으며
맛있다 괜찮다 위로하였다
서먹거리던 감정을 떼어내며
서로에게 정다운 마음으로

우린 모두 행복이야

갑자기 웬 바람이 불더라
긴장하고 옷깃을 여미는데
동백꽃이 피었다더라

낯선 사람 만나러 가서
햇살 한바탕 쬐니
한가득 봄날이 되더라

아하 행복이더라
우린 첫 만남부터
찐 행복이더라

예쁨 주의

자식을 낳으면 하늘이 노랬다가 파랬다가
천둥이 쳤다가 번개가 쳤다가
우르르 쾅쾅 몇 번을 산통이 왔다가
목숨이 탁 끊어질 듯 오락가락하다가
펑 하늘에서 팝콘이 터져 피어오르듯
배가 가라앉는다 그 자리에 아가가 운다
목숨 걸고 낳은 어미는 정신없어 기운이 쭈욱 빠져도
아가는 우렁차게 울어 젖힌다
뭐 잘했다고 제가 뭐가 서럽다고
뭐가 그리 힘들었다고 그리 우는지
정신 줄 놓게 생기게 기진맥진해서
그 와중에 새끼가 기가 차게 예쁘다

마음 한 조각

마음 한 조각이 좋다
이 한 조각에 마음이 풍요롭다
울적하던 응달진 마음의 구석에서
태양이 밝아온다

비도 오고 눈도 오고
바람이 분다
마음 한 조각 나누어 주지 않아서
빙판이 되었다

이제 한파가 오려나 예상했는데
마음 한 조각이 들어왔다
금방 사르르 녹았다
얼지 않는 봄꽃이 핀다

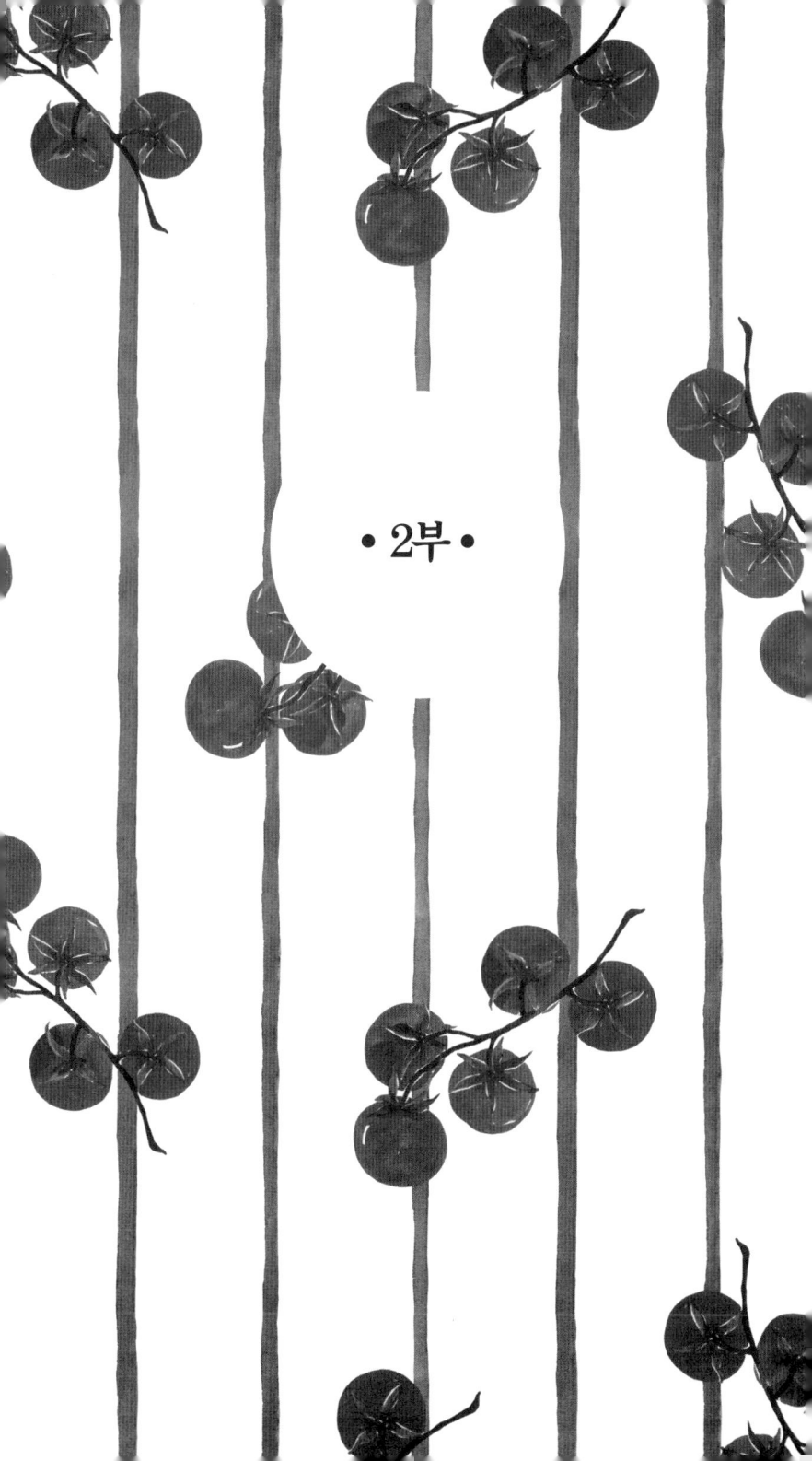

• 2부 •

날 보고

계속 웃고 있어요
꽃처럼 예뻐지라고
강아지처럼 꼬리치라고

내가 좋은지
네가 좋은지
활짝 웃고 있어요

두 자매

봄바람이 분다고 좋아라 헤헤헤
오는 길에 사진 찍고
가는 길에 사진 찍고

금같이 귀한 삶
보석으로 만들어
추억 상자에 넣어보자

추천곡 한 곡 듣고
나도 이 노래 좋아해
나도 좋아해

마음 맞아 취향 맞아
주거니 받거니 하루 해에 취해
놀아보자

봄맞이

그래 자유지
바람도
공기도
자연도

봄을 기대했지

긴 뿌리 내리고
꽃을 끌어올리는
땅의 자유

동화 속 바다

어릴 적 소녀는 그림책에 살아있고
엄마가 된 나는 동화 속 바다에 빠진다
물개처럼 차올라서 박수를 치고 꺽꺽
다시 바다에 들어가서 옷을 입는다

유년의 핑크색 드레스와
하늘을 닮은 파란 품으로
오늘을 입고 노래를 재잘재잘 불러본다
귀여운 입으로 부르던 그 동요를

언젠가 내 아들도 어른이 되겠지
나처럼
동화를 품고 살았던 유년이 기념비처럼
새록새록 떠올라 아름답겠지

예쁜 사람

예쁜 사람은 예쁜 글씨로 말한다
예쁘다고
예쁜 사람은 웃는 얼굴로 말한다
따뜻하게
예쁜 사람은 언제 보아도 말한다
다정스레
예쁜 사람은
그저 바라만 보아도 행복을 주고
지나가기만 해도 예쁘다고 말한다

무릎

무릎
텅 빈 가슴으로 몰아치는 사랑을
간절히 기도하는 모습

당신과 나 사이에 탯줄이 없었대도
하나님 사랑이 복음으로
탯줄이 되어 태어나게 하는 무릎

기도합니다
항상 함께하기를
기도합니다 늘 사랑이기를

평생 끊어질 이유 없는 사랑으로
함께 무릎 꿇어 기도합니다
언제나 사랑이 가득하기를

누가 사랑스러울까

누가 더 사랑스러울까
눈으로 보아요
마음이 가고 있어요
손길이 가고 있어요
사르르 녹고 있어요

사랑은
누가 보아도 사랑인가 봐요
살짝 쿵 가슴 떨리네요
스르르 녹아내려요
초콜릿 향 가득히

아름다운 예배

드럼으로 예배드리는 그 모습 속에
키 작아 보이는 사람이 있다
드럼을 치는 모습이 웅장하고 매력 있어
거인처럼 보였다

혼신의 힘을 다해서
마음과 뜻과 정성을 다해
쏟아붓는 열정
그 모습이 아름다워

입술로만 예배함이 부끄럽고
준비하지 못한 심령이 부끄럽고
드럼을 치는 그 모습 자체가 예배임을
놀람과 경이로움으로 바라본다

하나님이 부러웠다
찬양을 받으시는 것도 부럽고
작은 사람이나 큰 사람이나 풍채가 넓은 사람도
다 골고루 어쩜 이리도 아름답게 사용하실까

아들아 장하다

아들아 장하다
국민의 아들아
분별력 있고 용감한 아들아
네가 있어서 계엄령의 참극이 사라졌다
성실하고 충직한 우리 모두의 아들아

아들아 괴로워 마라
아들은 잘못이 없다
무분별한 어른이 미치광이가 되어 날뛸 때
아들의 침착성과 꾸준한 참을성은
피비린내 나는 유혈 참사를 막았다

아들아 국군이 되어주어 고맙다
아들아 대한의 아들아
네가 있어서 민주주의가 있고
네가 있어서 우리나라가 있다
자랑스러운 멋진 아들아

행복한 선물

누가 주었을까 이 선물을
기다려도 받지 못할 선물을
자신이 선택하지 않는 한 아무도 줄 수 없는 행복
불평도 없고 원망도 없이
미소가 지어지는 소중한 인연을 맺고
거기다가 행복을 선사하는 추억거리가 되었다
얼마나 귀한 만남인가
이보다 더 좋을 순 없다

국수를 먹어도
돈가스를 먹어도
커피를 마셔도
설레지 않아도
그대로 좋다
차를 타고 내리고 할 때마다
친절하고 다정하게
마음껏 당당해서 더없이 좋다

담임 목사님 취임 감사 예배

온누리에 아침 햇살이 비춰이듯이
온누리교회 안에 말씀이 비치길
설교자의 말씀이 아니라
하나님의 말씀이 울려 퍼지길
그 말씀이 운행하시기를 기도 드립니다

온누리에 낮과 밤이 언제나 함께이듯이
온누리교회에 찬양이 하루 종일 울려 퍼지기를
사탄도 물러나고 은혜가 넘치는 교회가 되길
찬양의 능력이 교인들 입술에 나타나기를
간절히 겸손하게 바랍니다

한 영혼을 살려도 백 명의 영혼같이
귀하고 아름답게 섬기기를
한 마디 언어에도 감동을 주는
섬세한 조심성이 있기를
주 안에서 하나가 되기를 소망합니다

*노은성 목사님 취임 온누리교회 기념하는 뜻으로 씀

결혼 기념

곱디고운 얼굴에 앳되기만 한 여자와
순수하고 아무것도 몰랐던 한 남자가
세상 풍파를 다 겪고
여기에 웃음 가득 서 있다

딸
딸
딸
딸
네 명을 키우느라고

허리 한 번 못 펴고
고개 한 번 못 들고
무릎으로 꿇고 기도한 시간이
사십 년

길고도 머언 여정이
꽃처럼 예쁘고
꿀처럼 달달하게
자식이 자식을 낳는 기쁨으로 더해

하나의 선물이 되어
한 꾸러미 행복이 되고
나이 들어 웃을 수 있는
여유로운 새벽이 되었다

온화한 사람들

가지 끝에 대롱대롱 감꽃이 피었다
땅 아래 보라색 나팔꽃도 피었다
피곤한 내 삶에
이제 온화한 사람들이 모였다
행복이 피는 생활이 되려나 보다

온기

한 송이 두 송이 마음이 피어난다
한순간에 전부 피어나지 않아도
주마다 피어난다
봄이 되어라
가을이 되어라

오늘 저녁

오랜만에 평안한 밥을 들었다
돈을 주고 사 먹어도 편하지 않았던 밥
사랑이 들어 고왔다
정성이 들어가서 편안했다
그리고 진심이 되었다

꽃이라고 부를게

물을 뿌리니 꽃이 되었다
이름을 부르니 꽃이 되었다
그리고 내 옆에서 향기가 되었다

친구가 가기 전에

친구가 가기 전에
시집 한 권 더 세상에 내놓아야겠어요
사랑 가득히 묻어나는 축하 더 받고 싶은데요
책을 좋아하는 친구가
책이 좋아서 책을 쓰는 나를 참 좋아하잖아요

아무도 없는 공간에서
책은 유일한 기쁨이었고 슬픔이었어요
그래서 책을 놓을 수 없었던 지난 시간들이
머릿속에 지내던 내 생각을 끄집어내어
글을 만들고 글을 엮어서 그 생각도 책이 되네요

머뭇거리다 마는 문지방에 걸쳐있던 생각이
작은 문틈 사이를 빼꼼히 내다보다가
문득 마음 사이로 스미어들다가
잠깐 헤집어 놓은 노트 사이사이 꼭 박혀
책이 되어 안기었어요 친구 눈에 소복이

가을 반갑다

더위에 지쳤어 떼쟁이 더위
고집이 어찌나 세던지 한풀 꺾일지도 몰라
땀 뚝뚝
비 뚝뚝
마주 보고 더 더워 한참을 웃었다

바람아 지나가주련
시원함을 선사해 주렴
얼음 한 알 깨어 물고 딱딱 더위가 깨어지면
얼마나 기분이 좋을까 그러나 더위는 얼음을 녹이고
더 따뜻하게 더 뜨겁게 자랑스러운 몸짓이다

어디 두고 보자 내가 오매불망 기다리는 가을이 오면
더위 너는 힘도 못 쓰고 버그르르 쓰러질 거다
가을 오기만을 손꼽아 기다리노니
눈물 나게 힘겨운 땀이 또르르 흐른다
가을이 성큼 커다란 발자국으로 걸어 들어온다

원하는 대로

고기 먹으러 갈까요?
원하는 대로 갈게요
웃으며 대답했을 때 행복은 시작되었다
머뭇거리지 않는 대답을 듣고
얼굴 가득히 미소가 떠올라
행복하게 문을 열었다

하루 중 제일 피곤한 시간이
아 선 민 셋이 모여 즐겁다
고기가 자글자글 익어가고
배고픔도 사라질 즈음
사르르 녹는 냉면 한 가닥 후루룩
살짝 청귤 한 잔 아! 행복해
아줌마 되고 제일 행복한 저녁이었다

빈말

빈말이 싫었던 정다운 시대를 살았던 나는
한참이나 울었다
사랑스러운 사람들이 살던
빈말도 나쁜 거라고 생각했던 순수한 시절이 그립다
식어진 사랑
하나도 지고 싶지 않은 오만함이 가득한 지금 시대는
빈말도 할 수 없는 시대가 되었다
가끔이라도 빈말이라도 좋으니
미안하다
사랑한다
잘했다고 말해주면 좋겠다
이 시대는 거짓말은 쉼 없이 해도
정직하다고 자기 하고 싶은 이야기는 다 해도
독하게 눈물 나게 말하면서도
사람을 생각하는 빈말 한마디 던져주지 않는다
빈말이 듣고 싶을 만큼 고독한 나날들
제발 한 번만 빈말이라도 해주길 애원해도
독한 말로 짓밟고 간다

새로운 만남

빗장을 열고 들어오셔요
간밤에 긴 어둠은 사라졌어요
밝은 미소로 맞아들일게요
고운 손 맞잡고 길을 걸어요
함께라는 즐거움이 도란도란 영글게요

그냥 스쳐 지나도 모를 인연이
금세 정답게 마주합니다
첫눈에 끌리는 정다움이 친구 하나 발견한 듯
보석이 되네요
인생에 말동무 길동무하며 가요

시간도 공유하고 즐거움도 공유하고
꽃인 듯 나비인 듯 살아보며
꿀들도 나누어 달콤하겠지요
서로에게 도움이 되고
서로에게 기쁨이 되어 인생 활짝 펴보아요

즐거운 여유 한 잔

비가 온다
바람이 분다
날이 흐리다 그래도 여유는 맑다

차 한 잔이 온다
정성을 담았다
향긋함이 온화하다 그리고 여유는 유쾌하다

사람이 행복할 때는
가장 많이 가져서가 아니라
인기가 좋아서가 아니라 그저 웃을 수 있는 여유 때문이다

오늘 이렇게도 즐거운 마음은
자신이 선택한 기쁨이고
자신만의 가치일 것이다

· 3부 ·

만나고 싶은 사람이 되었습니다

구름은 하늘을 품고 말했습니다
만나라 만나라
어둠은 해를 그리며 말했습니다
만나라 만나라
오늘은 꼭 만나길 간절히 바랐습니다

좋은 시를 읽고 싶어
좋은 인연을 맺고 싶어
굵직한 한 획을 긋는 하루에
그대의 글이 환하게 비춰옵니다
아직 동트지 않은 순수한 아침에

함께하고픈 시간들

눈이 오고 있다
궁상맞은 노인과 같이 떨리는 추위와 함께
이리 보고 저리 보아도 따스함은 없구나
누구라도 함께 하고픈 시간들
고독이 밀려온다

눈 뜨면 아침이다
눈 감으면 어두운 밤이다
무슨 재미가 있어 살고 싶은가
눈을 감아도 눈을 떠도 혼자 도는 시계
생명이 단순해지는 하루가 싫다

먹어도 혼자
옷을 입어도 갈 곳이 없어
주위를 서성이다가 주저앉는다
괜히 이불을 쓰다듬어 보아도
여전히 기가 없다

시간이 또 가고 다시 하루가 오지만
재촉할 사람도 없고

손잡아 줄 사람도 없고
눈 마주칠 사람도 없다
그냥 숨 쉬는 날이다

달링 무스 샌드위치

에그머니나
달걀 흰 자가 식빵 옆에 쭈욱 세워져 있네
어떻게 하지 싶었는데
한 입 베어 무는 순간
상큼한 사과향이 느끼함을 아삭함으로 잡아 주고
뒤따라온 딸기잼이 사르르 찌푸렸던 눈살을 펴주었다
긴박한 맛의 샌드위치
내 심장의 어느 순간을 꾹 눌러 설레게 만들었다
누구와 함께 먹어야 맛있는
마음의 스위치를 꺼두게 만드는 스윗함
혼자 맛보아도 그 맛 그대로 행복을 선사하는 묘한 기분
아무래도 내일은 달링과 한 번 더 함께해야 할 것만 같다

오늘만 살아도 예쁘다고 할게

열심히 살았다면 오늘만 살아도 예쁘다고 할게
너니까 그만큼 했다고 자랑스러워할게
이곳까지 오느라고 애썼다고 할게
그래도 또 버텨야 한다면 손잡아 줄게
그리고 기다려줄게 아프지 마

봄이라고 안 힘들까
고통이 없을까 아니잖아 겨울만큼 아팠잖아
거저 꽃피운 건 없어
눈물 흘리지 않고 아름다운 건 없어
그래도 괜찮아 너도 해낼 거니까

우수수 떨어지는 낙엽도 슬프다면 슬프겠지만
할 일을 다 하고 가는 건 자랑스러움이지 멋져
그러니 살아가자 매일 쳇바퀴 돌아도
멈추어 있는 것보단 나아
다 잘될 거야 쉬어가 보자

답답증

아프다고 말할걸
못한다고 말할걸
그러면 안 되는줄 알았습니다
수용만 하면
다 잘되는 줄 알았습니다
그러나 아닙니다
참아서 큰일이 났습니다
버티어서 큰일이 났습니다
다 잘 하는 줄 알아버립니다
쉬고 싶습니다
아파서 눈물이 납니다
그런데도 돌아봐 주지 않습니다
능력도 없고 기본 생활도 안 되는데도
능력자라고 너는 잘해내잖아 합니다
입을 벌릴 때도 없습니다
너무 어려운데 너무 고달픈데 너무 아픈데
아무것도 안 되는데 그 누구도 모릅니다
나는 누구와 의논해야 하나요

품위 있는 그녀

한 송이 빨간 장미처럼
620 정원에
품위 있는 그녀가 산다

하얗게 핀 미소가
앞치마처럼 고운 그녀가
살짝살짝 살포시 수놓은 그림들이

살아 움직여 대화를 나누는 듯
아름답다
어른이 된다면 노년에 저렇게 늙고 싶다

기품 있는 소녀처럼 다정다감하게 들어주고
사랑스럽게 받아주고
귀한 마음으로 답해 주는 꽃다운 그녀로

사랑하는 언니에게

내가 사랑하는 언니를 위해 무엇을 해줄까?
아프지 말라고 기도를 해줄까
희망을 가지라고 말을 해줄까
꼭꼭 숨 쉬라고 안아줄까
어쩌면 좋아할까

내가 사랑하는 언니에게 사랑한다고 해줄까?
좋아한다고 기운 내라고 해줄까
날마다 좋은 글을 써서 좋은 일들이 쏟아지라고 할까
아플 땐 어떤 위로도 슬프다 그러나 없는 위로는 공허하다 어쩌면 좋을까

아프면 아플수록 말이 없다
아플수록 눈물도 많다
아프면서 독해진다
가냘퍼진 몸이 쇠약한 정신에 더 아프다
누가 알랴 싶으리만큼 서러워진다

아무에게도 말 한마디 듣기 싫어지고
아무라도 붙들고 투정하고 싶어지는데

자존심도 상하고 심통이 나서
꼭 쓸데없이 성질이 나버린다
오늘도 해는 저무는데

청귤을 담아요

청귤을 담아요 동글동글
상큼한 잎새같이 또로록 알알이 생긋
달콤한 눈 속에 파묻힌 청귤

하루 이틀 지나고 나면
고은 찻잔에 퐁당
달달하게 피어나지요

이야기에 한 모금
마주보며 두 모금
미소 지으면서 향긋해져요

어떤 향기일까?

어떤 향기일까?
내 마음에 피는 꽃은 누구를 향한 그리움을 꽃술로 필까
간밤에 갠 안개런가 내 님은 어디에 계시는가
하얀 밤을 지나고 희뿌연 하늘에 두둥 그대여
오늘이라도 취해보시오

어느 꽃으로 피어나
어느 향기로 지리이까
잊혀지지 않는 마음 어디서 울리이까
하늘 아래 무심함이 이리도 슬퍼
훨훨 날아가는 세월 무지개로 떠서 비처럼 쏟으리까

휘이 휘이 가는 낙이여
구름도 알 수 없고
간절한 고단함이 사랑이라 어찌할꼬
이렇게 고와 어찌할꼬 님이여!
님이여

그냥 좋아하는 마음도 접어야 하는 시대

그냥 좋아하는 마음도 그냥 두지 마세요
순수한 사람이라고 치부하던 시대는 갔습니다
결국 스토커라는 독이 됩니다

그냥 섬기는 마음도 그냥 행동하지 마세요
사람 됨됨이가 잘 컸다 칭찬하던 시대는 갔습니다
결국 사기꾼 취급으로 외롭습니다

그냥 다가가지 마세요
친절할수록 사랑받지 못하는 시대입니다
결국 더 멀리 도망가서 남지 않습니다

처음부터 호구가 되려던 게 아닙니다
사람에게 진심을 보여주다가 그만 내 마음만 노출시켜
호구라는 거대한 파도에 휘말렸습니다

거짓과 사악함이 판을 치는 세상에서
관용과 사랑으로 살아남기엔 벅찹니다
그냥 주던 마음이 그냥 주면 큰일이 됩니다

이젠 그냥이란 단어가 냉정이란 행동으로 보여지는
로봇이 판을 치는 시대에 살면서
시인의 감성보다 시대의 흐름이 더 빠르게 지나갑니다

그냥 예쁘다고 말할 수 없고
그냥 다가가 말도 걸 수 없고
그냥 음식도 나눌 수 없는 그냥이 꼭 설명되어 이해되어야 하는

지금 그냥 울고 싶어져 홀로 있습니다
아무도 다가오지도 않고 아무도 다가가지도 않는
고독한 시대에 그냥 살아갑니다

행복이었다

아이에게 사랑을 줄 수 있는 건 행복이었다
엄마의 잔소리를 듣는 건 기쁨이었다
형제의 하소연을 듣는 건 친밀함이었다
친구의 속사정을 듣는 건 깊은 우정이었다
그때는 그저 나에게 왜 그러지 라는 물음과 불안함이 몰려왔다

이젠 어른이 되었고 아무도 나에게 기대지 않는다
그저 들렸다가 아무 의미 없는 안부를 묻고 떠나버린다
나에게 나이는 능력이 없는 애 하나를 덩그러니 놓아두고 사라진다
역에 기차표도 없이 버려진 아이처럼
기다릴 그 무언가도 없이 허공에 떠 있다

계속 나이는 한 살 더 찾아와 내 곁에 머문다
그리고 계속 나의 능력의 힘은 떨어뜨리겠다는
강한 의지를 나타내고 있다
외로운 섬처럼 우뚝 서서 파도만 치고 있다
견디기가 춥고 외롭고 때론 겁난다
그래서 죽나 보다

가까이 만질 손이 있고
함께 발걸음을 맞추지 않는 한
홀로 서기가 되지도 않는다
누구나 혼자 살아가지만 뿌리 깊은 친구 하나 있어야
갈 길을 가는 것이다

커피 값을 주던 친구가 있었지

갑자기 비가 온다
그리고 날 생각해서 커피 값을 입금해준 친구가 생각난다
나에게는 말도 못 하게 기분 좋은 선물이었다
커피 한 잔 같이 해주길 애걸하다시피 해도
돈 아끼라고 안 먹는 엄마
커피 한 잔 사준다고 해도 아깝다고 안 먹어주는 요양보호사
카페 한 번 가자고 해도 커피 값 안 내려고
일회용 커피 타 마시라는 활동지도사
그렇게 커피가 마시고 싶은 건 아니었다 딱히

다만 함께 여유를 즐기고 싶었다
그러나 그마저도 허용되기 어려웠던 나에게
선뜻 커피 값을 보내주며 마음 담아 기쁘게 해 준 친구
그는 참 선량한 천사였다

마음 가득 담아 마신 커피는 오리지널 커피보다 더 진하다
맑은 하늘 창가에 앉아 카페에 노래 소리며 분위기에 취하다
행복하고 또다시 행복했다

참 그런 오빠 같고 친동생 같고 연인 같은 씀씀이가
날 붙들어 주었다
시궁창 같은 마음에 언제나 햇살을 주고
악취가 나서 울고 싶을 때마다 큰 미소로 머물게 해 주었다
그 사랑이 그리운 날에
참 좋다

감성 저격

상자 하나 받았을 뿐인데
감성이 깨어난다
캠핑을 가고 싶어도 데리고 다닐 부모가 없어서
늘 방에만 갇힌 아이
예전엔 폰이 없어서 부러움이 줄었다
하지만 지금은 미디어 시대라서
열두 배로 부러움이 늘었다

날마다 놀러가는 아이들
날마다 데리고 다니는 부모들
삐까번쩍한 자가용
없는 사람이 없는 듯 물결친다
누가 알까…
누리는 사람들만 누리는 사치란 걸
아무렇지도 않게 떠나는 캠핑

오늘도 안집 주인은 엄마인 내 속이 타는지 모르고
캠핑카를 타고 유유히 떠난다
상자 안에 라면 노란 그릇들 젓가락 방안에서
캠핑이 재연되었다

귀엽고 깜찍한 아기자기한 소품이 즐겁다
행복은 작은 배려에서도 열 배의 가치를 한다
라면 포트가 끓인 라면은 행복의 냄새로 가득 채운다

바쁘다 바빠

초를 다투고 살아도 바쁘구나
한 걸음 내딛기도 어려워
움찔거리면서 여기도 가고 저기도 가니
내가 무너지는 흙더미는 보이지 않는구나

아프다고 말을 해도 듣는 사람이 없고
눈물 난다고 하소연해도 봐주는 사람 없건만
이런 으스러지게 고통스러운 몸으로도
아들 집에 가서 아들 밥을 해주고
겨우 병원으로 달려가서 아파도 침을 맞아야
밤을 무사히 지나니까 아파도 침을 맞는다
헐레벌떡 하루가 가는구나

엄마가 아프셔서 까라져 있는데
약 한 봉지 사다 먹일 자식이 나뿐이라
얼른 약을 사다 먹여드리고 쉬게 해드리고
집에 오자마자 황태국을 정성껏 끓이고
밥을 고슬고슬 바로 지어서
밤 열시에 엄마 집을 찾아가서 요기하고 주무시게 했다
부모는 자식을 기다리지 않기에 오늘을 넘겨

효도할 수 없고
자식 또한 부모를 기다릴 수 없기에 분주하게 돌본다

나는 나도 버리고 섬김의 길을 간다
고통스러워 몸도 못 가누어도
나처럼 섬김을 잘하는 사람은 없다
원래 내 생각과 내 마음과 내 행동에 연습되어 있으니까

제주의 예쁜 날들

제주의 예쁜 날들이 익었다
곱게 곱게
연초록 풋귤로 익고
주황빛 천혜향으로 익고
톡톡 터지는 기쁨의 열매로 익었다

나무에서 해와 달을 머금고 익어서
땅에 떨어져 아녀자의 칼자루에 한 번 살짝 익고
예쁜 유리병에 갇혀 설탕이랑 눈 녹듯이 달달하게 익었다
우리 아가 동그란 눈이 찡긋거리게 새콤
우리 엄마 주름살 펴지게 달콤
우리 부부 정답게 한 입 새콤달콤

정겹다 하여 노래를 지어 부르리
공손히 받쳐 들고 춤추어보리
가을 한저녁 풀 내음 그윽 뿌리내린 향기에 취해
제주 하늘도 노랗게 익누나

베이스 7현 게스트하우스

꽃내 나라
꽃보다 아름다운 사람이여
골목마다 저음으로 소리 내어
7현 아쟁 소리에 발 맞추어
삶이란 고스란히 내려놓고
이리 덩실 저리 덩실 춤추어 사세

방 하나 내놓고
누가 올지 몰라서 콩닥콩닥 설레어
게스트 하우스마다
칠현 현악기가 울려 퍼진다
외국인도 내국인도 한가지로 오시오
기쁨의 하우스로

적적한 마음 흥겹게
조용한 마음 기품 있게
오셔서 노닐다 가셔요
새소리 노리개 삼아
고운 님 함께
즐겁게 노닐다 가셔요

아들

아들은 열여섯 살
나는 오십셋
무엇을 해도 안 맞고
무슨 일을 해도 다르고
무슨 말을 하든지 안 들린다

아무리 맞추려고 해도 다투고
무엇이든 다 주어도 만족을 모르고
답답증이 나서 싸운다
그래도 살아보자
애써 침묵한다

비싼 에어포스를 샀다
색부터 하얀색이 마음에 안 들어
이게 좋니? 물어보았다
아들은 이쁘잖아요 라고 말했다
의외의 대답에 나는
아들이 좋으면 엄마도 기뻐 라고 말해 주었다

결국 모자 사이에 남는 건

돈도 아니고
운동화도 아니고
색깔도 아닐 것이다
좋아해주고 좋아한 공감이리라

내가 좀 안아줄까요

사랑하게 된 그날부터
마음이 열리지 않아요
사랑을 주고 받았다고
눈물 나지 않는 건 아니에요
사랑할수록 고민은 깊어지고
두려워서 불안해지기도 하지요

보고 싶어도 떠나버리고
같이 있고 싶어도 외면하게 되고
그냥 붙잡으면 되는데 이별하네요
사랑이 익어서 떨어져도
그 사랑에 목이 말라도
슬프고 아파서 울고 마네요

내가 좀 안아줄까요
그 마음 알아서 꼬옥 안아주고 싶은데
화내지 말고 나에게 안겨요
사랑이 넘쳐서 가버리기 전에
꼭 안아서 붙들어요
사랑으로 안아줄게요

행복도 오네요

꽃같이 예쁘다 여기시니 봄같이 따스합니다
바람 좋은 날씨라고 산책하자 손잡아 주시니
마음이 설레어 입에 미소가 저절로 생기가 돋습니다
어제도 그날 그제도 그날 눈물이 떨어져
가시가 돋혀서 찌를까 조심히 냉정하게 침묵합니다

화가 쏘아져 다치게 할까보아 조심히 마음을 내려놓고
쉬라고 쉬라고 가만히 내 마음 숭늉처럼 가라앉혀 봅니다
겨울이 추워서 꼼짝도 못하다가 외로움에 동태가 되고
한 소끔 끓여서 김이 나게 슬프게 울고 나니
오늘같이 좋은 날도 오는군요

계속 계속 소꿉동무 놀이하듯
새초롬하여도 네 맘 내가 알고 내 맘 네가 알아주어
익숙하게 익어가고 달큰하게 향내 내요
그러다 오늘이 내일이 되고 내일이 어제 같을 때
더욱 가까운 연이 되고 친우가 돼요

함께라서 행복해

오고 있다고 생각합니다
날마다 손꼽아 기다리고 기다리다가
긴긴 겨울이 다 갔습니다
바람도 손잡아 줄 사람이 없다고
내 손을 꽁꽁 얼리고
차가워서 안겨들 마음조차 없을 때
반드시 봄이 올 거라고 기대했지요

분명히 당신도 올 거라고 기대를 합니다
내가 하루하루 잊지 않고 기다립니다
다 떠나간 폐허에도 날아와 씨앗이 꽃을 피고
땅에서 온기가 자란다고 소문이 나면 돌아오겠지요
나도 너를 기다렸다고 보고 싶었노라고
한 자 한자 또박또박 써놓은 마음
고운 음성으로 부드럽게 들려주겠지요

커피보다 사람이 더 그리운 오늘입니다

커피 향기가 당신을 그리워하는 생각보다 더 진하지 않습니다
보고픔이 목말라서 갈증이 심할 때
목구멍까지 올라오는 슬픔이 뚝뚝 떨어집니다
당신을 잊을 수 있다면 보고픔의 괴로움도 없겠으나
당신을 잊으면 아름다운 그리움도 사라져버리겠지요
오늘도 비틀어져 앙상한 가지의 꽃을 발견합니다
아파도 아파도 다시라고 외치는 희망이
당신도 아시는지요
처음부터 희망이 없었음을 알았고
그 희망을 끌어내느라고 사랑으로 심었다는 걸
그래요 멀리가도 안되고 가까이 가도 안 되고
딱 그 자리에 있습니다

따뜻한 감사

며칠 동안 밥을 못 먹고
새우깡 한 봉지로 살 때
나 먹으라고 보온병에 삼삼한 냉이국
뜨끈한 서리태 콩밥
안 매운 김치까지 정성껏 신경 써서
가져다주셨다
따뜻한 감사가 저절로 생긴다

겨울이라 춥고
전화 한 통 울리지 않는 긴긴 시간을
홀로 버텨내며 서러웠다
갑자기 울고 싶어도 안쓰러워할 누구도 없어
눈물도 나오지 못했다
그 누구에게도 어리광할 이가 없다
아무리 둘러보아도

움직이는 자체가 통증이라서
마음 밭에 가시가 돋힌다
그런데 주위 사람들은 더 큰 가시로 날 대한다
무서워서 더 경계하고

두려움에 더 사나워지는 걸 모르고
더 큰 상처만 낸다
단 한 사람이면 되는데

참 춥다
참으로 어렵다
오늘 천사 언니가 따뜻한 품으로 보듬어 주었다
참 고맙다
격려도 해 주었다
늘 쌀쌀하게 변해갈 것만 같아서
눈물 나는 내게 사랑이다

• 4부 •

해피니스

주인 닮아 행복한 집 해피니스
이 집에 같이 살게 되어 꿈꾸는 듯 좋다
기쁘고 좋은 일만 한가득 생길 것만 같아
기대가 된다

양지바른 곳에 심겨진 꽃처럼
예쁘고 화사하게 피어날 것만 같다
너무나도 좋은 집주인을 만났다
이 집 앞에 광수생각에서

이 집이 지어지는 걸 바라보며
저 집이 지어지면 살면 좋겠다
엘리베이터가 있으면 좋겠다
행복을 꿈꾸고 이야기했다

그러다가 다 짓는 걸 못 보고
이사를 갔다
그리고 또 이렇게 이 집에 돌아왔다
내 집처럼 행복하다

네가 전부

욕심인 듯 자기애가 강하고
옳기만 한듯 자기주장이 세다
그래서 상처받고 상처를 낸다
작은 튤울립 한 송이 피어나려나 보다

하고 싶은 말도 많고
하고 싶은 일도 많다
머리는 하나인데 생각은 다섯 개다
그리고 길을 헤맨다 또 다시 길을 찾는다

하나에서 열까지 잘하고 싶고
백에서 천까지 특별나고 싶다
인정받고 싶어서 그렇게 하다
욕을 먹고 돌아선다

비웃는 소리도 억울하고
잔소리도 고약하게 울린다
덩그러니 호박만 한 가슴에 응어리가 생겨
소나기 퍼붓듯 키가 자란다

연꽃 공원

비둘기야 어딜 걸어가니?
연잎 둥둥 피어 꽃놀이 가자
푸드득 푸드득 날아갈 때
나도 갈래 꽃 향기
구구구구 구구단 외우고
계산하다 잊어서 또 구구 한다
아이들이 좋아하는 비둘기야 웃어라
새우깡 줄게 푸드득
빗방울이 내린다 가자
하늘만큼 커다래진 희망으로
따다따다 지팡이 음으로 구겨진 땅에
연꽃이 풍덩
효자 나라 효녀 나라
나이 들어 가슴 아프지 말라고
핑크빛으로 피었다
가자 가자 노래를 하며
나이 들고 주름져도 가슴은 진주처럼 값지구나
구구구구

꿈같이 예쁜 날들

제비가 다리가 부러져 찾은 집
다친 다리 싸매 주고 젖은 몸 닦아 주던 나날들
포기하지 않은 행복의 그늘 광수생각
무엇도 모르고 철없이 들어가서
부드러운 어머니와 자상하신 아버지처럼
품어주시고 감싸 주셔서
딱한 사정도 고운 손으로 토닥여 주시고
상한 마음도 아무 말 없이 싸매주셨다

세상에 태어나 이처럼 조건 없는 사랑을 배웠던가!
아! 감사하여라
오늘도 두려운 세상에 헛발질 안 하기 위해서
살얼음 같은 바닥을 딛고 섰다
돈 만 원 한 장 쥐고 내 전재산에 울고 웃으며
그래도 광수생각을 나가지 않으려 애썼는데
나 자신보다 더 사랑하는 아이들을 위해서
아픈 몸으로 한걸음 내딛는다

꽃도 피고 바람도 부는 소중한 날에
부자 마음이 되어 떠나는 광수생각

눈물이 나지만 꾸욱 참으련다
다시 돌아와도 내 자리로 있기를 기대해본다
자주 찾아뵈어도 부담스러울까!
부담 안 드리려고 찾아 뵙고 싶은 마음 고이 묻어도
서운해하실까 걸음이 떨어지지 않지만
떠나고 싶지 않을까 봐 발길을 돌린다

아니 네가 토마토래

어머나! 세상에 빨간 보석 같아
아니 네가 토마토래
붉은 치맛자락같이 붉은 게 꼭 토마토라네
어이없어 이렇게 아름다운 게 먹는 거라니! 헐

방울방울 예쁜 아가 머리에 핀 같고
엄마 손가락에 루비 반지 같아
너무너무 고와서 이를 어째
아이 참 부끄러운지도 모르고 바라보았네

너는 토마토란 나라에 보석 같아
보기만 해도 좋아서 눈에서 꿀 떨어지고
앵두가 부럽지 않을 빨간 입술처럼
가만가만 다가와 귀염 떨다 간다

소름

만물의 변화란 생명의 움직임일 터
굳이 뭐가 되려고
무엇을 하기 위해 하는 건 아니었다
피어보니 꽃이었고
심어보니 꽃이 피었다

사람도 마찬가지리라
무엇이 되고자 태어난 사람도 없고
뭔가를 하려고 태어난 것도 아니리라
그냥 나고 자라다 보니
생명의 움직임이 무엇을 하고 있고
그것을 하다 보니 그 사람이 되었다

혹 누군 명인이 되고
혹 누구는 작가가 되고
혹 누구누구는 가수가 되었다
자기 신념을 보태어 살아갈 뿐
우린 전부 얻기 위해서 살진 않았다
자연히 흐르듯 살다가 주어진 모든 것에
만족이란 방울 하나 달아서 딸랑인다

내 눈에 예쁜 당신

목련도 아닌 것이
개나리도 아닌 것이
곱디곱다

벚꽃도 아닌 것이
매화꽃도 아닌 것이
화려하기만 하다

봄에 늘어서서 방긋 웃는다
여기저기 배시시 웃는다
꽃같이 아름다운 당신

행복 기억법

행복하면 행복을 잊나 봐요
불행해도 행복을 잊어요
그럼 행복은 어떻게 기억할까요?
그냥 어떤 상황이든 즐기는 게
행복을 기억하는 유일한 길이어요
따지지 말고
이유 대지 말고

오늘

햇살이 좋으네요 감사합니다
바람도 선선하니 좋으네요 감사합니다
풀들도 풋풋하니 참 좋으네요 감사합니다
하루가 예쁘고 좋으네요 감사합니다
낮과 밤이 평안하고 좋으네요 감사합니다
밥 맛나게 맛있고 좋으네요 감사합니다

새가 우는데 좋으네요 감사합니다
강아지가 반가워하는데 좋으네요 감사합니다
친구와 수다 떠니 좋으네요 감사합니다
고기 사서 구우니 맛나고 좋으네요 감사합니다
꽃이 피니 향기롭고 좋으네요 감사합니다
마음 터놓고 놀으니 좋으네요 감사합니다

좋아하는 드라마 보니 좋으네요 감사합니다
환하게 웃을 수 있으니 좋으네요 감사합니다
수저 들고 아이스크림 퍼 먹으니
좋으네요 감사합니다
맛있는 쌈 싸서 먹여 주니 좋으네요 감사합니다
맑은 하늘 밝아서 좋아하니 좋으네요 감사합니다

더 좋은 건 날마다 더 좋으네요 감사합니다
이제서야 맛있게 웃고 좋으네요 감사합니다
지금 막 신나서 좋으네요 감사합니다
마음 똑같은 세 명 모여서 따뜻한 날 좋으네요 감사합니다
정말 좋으네요 감사합니다

나는 봄인 줄 알았어요

나는 봄인 줄 알았어요
그러나 꽃이었어요
피면 지며 아름다운 꽃
봄이라서 봄나들이도 가고
봄이어서 사랑도 하고
봄이 되어서 온화할 줄 알았는데

꽃이지 뭐여요
이름도 없어요
굴곡진 벼랑 끝에 자리하고
가시도 많고 넝쿨도 많아서
이 작은 키로는 보이지도 않을 꽃
흥! 화나네요
꽃이라니!

무수히 많이 부는 바람결에 날릴지도 몰라요
작은 잎이 빗물에 금방 찢길지도 몰라요
꽃향기는 따가운 햇살에 가루처럼
부서질지도 모르죠
퉤퉤! 많고 많은 만물 중에 꽃이 되어

보잘것없어 어쩌죠
한철 예쁘게 피었다 가면 누구는 기억할까요?

봄은 오지 않아도 꽃은 핀다

내 인생에 봄은 오지 않아도
꽃은 핀다
긴 겨울 해같이 밝게 피진 않아도
꽃이 맺혀 있다

아프다고 수없이 외쳐서
붉어졌을까
쓰리고 아려서 노랗게 되었을까
분명히 꽃은 핀다

봄이 아니어도 좋다
따스하지 않아도 좋다
새록새록 희망이면
꽃이어서 좋다

봄

자꾸 바라보게 되어 봄
너만 보면 까르르 웃게 되어 봄
스르르 눈처럼 녹아드는 온화함이 되어 봄
참 아름다워 봄

달아 달달해!

너를 생각하니
초콜릿보다 더 달콤해진다
어머나! 달아 달아

히힛! 너만 만나도 스윗해
딸기처럼 얼굴이 달아오르고
가슴에 핑크빛 무지개가 뜨네

오늘도 우리 살짝 녹아들까?
달콤해서 달달하다
부드러운 사랑 쭈욱 하자

노란 나비야

노란 나비야
노란 나비야
봄님이 불렀다
새파란 봄볕에 그린 새싹이
너도 나도
나비를 불러 달라고 떼를 써서
봄님은 노란 나비야 하고 부른다

가만히 봄바람이 살랑일 때마다
어깨를 들썩거리며 날아오르는 나비들
이게 봄꿈인가!
아! 이리도 날개 치며 날아온 봄이
나비처럼 방긋 올라가서
기쁨으로 곳곳에 꿈이 되고 희망이 되고
그만 나비가 되었다

바람 향

산들산들 춤추다가
바람이 땀이 나면 향긋해진다
아이같이
때론 여자같이

살랑살랑 왔다갔다
걱정 많은 남자처럼
이리저리 불다가 훅 하고
바람 향이 난다 매너 있게

성난 파도가 바다를 타듯
강한 바람이 펑 하고
무엇인가를 깨뜨렸다
진한 바람이 뒤섞여 향이 난다

빠름 빠름

숨쉬기도 힘든 남자다
이해할 여유가 없는 남자다
휴 힘들다

느릿느릿 가고 싶은 여자
너무너무 토끼 같은 남자
과연 이해와 공감이 존재할까?

휴
휴
휴

딴청

예쁜 그녀는 헤헷
웃을 때마다 기쁨 짱
애교 많은 그녀는 뽐뽐
그렇구나 귀 기울여 들어요

예쁘게 웃고도
예쁘게 말하고도 부끄러워서
휘젓고 휘젓고
주스 컵의 빨대에 집중해요

예쁜 그녀가 좋은
그 남자 좋다
예쁘게 웃어 주고 다정하게 말 건네주니
아름다운 대화가 좋다

그 남자는
예쁜 그녀만 눈에 들어오고
그 남자는
예쁜 그녀만 마음에 들어오네요

조심스레 다가오네요

너무 예뻐서 살짝 웃어요
귀여운 웃음소리에
행복이 콩콩콩 튀네요

아름다워서 눈빛이 반짝이네요
눈이 서로가 초롱초롱 빛나요
사랑아! 사랑아! 아! 예뻐라

진심이어도 과하지 않고
얼굴이 붉어지나 멋지네요
가만히 다가오네요 사랑이라고

곶감

감 잡았습니다
그대 향기에 달달하게 입맞춤합니다

감이 옵니다
그대 부드러운 속살이 느껴집니다

아직도 그대가
쌩하고 떫떠름했던 과거가 떠올라 미소가 지어집니다

하지만 사랑스럽게 붉어지고
따뜻한 햇살에 녹아들고
단단한 성품이 온화해졌습니다

그대여 우리 감대로 삽시다
오늘도 그대 손에 마주 잡은 손이 아름다워 붉어집니다

그냥 그래라

너를 사랑하고 싶다고 말하면
그래 그냥 그래라
툭 무심히 대답하리라

나를 사랑해 준다는데 얼마나 기쁜가!
그러나 나도 사랑한다고 말하기는 부끄러워
그냥 있기도 민망하다

그래 그냥 그래라
너의 마음대로 해라
나도 너의 마음 받으마라고 알아들어라

이래서 우리 사랑이 시작되고
흘러가다가 흘러가다가
쌓이고 고이고 그냥 그래라

나도 널 사랑하면 안 되니?

꽃이라 불러주겠니?
나도 너의 꽃이 되고 싶구나
사랑스런 너를 가지고 싶어
이제까지 기다렸는데
너를 사랑하면 안 되니?

햇살이 따뜻해서 너에게 마음이 따뜻해져
바라볼수록 눈빛이 뜨거워서 따뜻해져
너를 향한 내 가슴 가득히 사랑이 담긴다
제발 너에게 나도 사랑이 되어주련?
사랑해라고 한 마디 해달라고 바라본다

비가 쏟아지니 너를 위해 울고 있다
너로 인해 추웠던 마음에 꽃씨가 되어
깨어나렴 사랑아 사랑아
이제 그만 눈을 뜨려무나
그러나 너는 나의 사랑이다

결혼기념일

하늘도 울어주었다 나의 슬픔을

분노한 나의 인생을 천둥 쳐 주었다

그리고 위로의 눈물을 쏟아주었다

번개처럼 간 세월을 잊으라고
번개 쳐주었다
열아홉 번째 결혼기념일에 웃을 수 있는 건
하나님이 아시기 때문이었다
나를
나를

나도 복되다 하셨지요

나 살아갈래요 돌멩이 같아도
매일 재미없어 눈물 날지라도
내 자리는 지키고 빼앗기지 않을래요
내 소망을 품으며 살아갈래요

어둠은 말하겠지요
그깟 돌멩이 누가 안다고
재미없는 삶을 놓아버리라고
그 자리는 아무도 탐내지 않는다고
소망이 다 무슨 소용이냐고

하지만 어둠도 알지요
빛이 나타나면
예수 그분이 찾으신다는 걸
천국 소망이 천국으로 인도한다는 걸
자기 믿음의 자리를 지킨 자만이 승리란 걸

아니, 네가 토마토래

초판 1쇄 발행 2025년 9월 9일

지은이 최정민

펴낸이 임병천
펴낸곳 책나무출판사
출판신고 2004년 4월 22일 (제318-00034)
주소 서울시 영등포구 신길3동 325-70 3F
전화 02-338-1228 **팩스** 0505-866-8254
홈페이지 www.booktree.info

ⓒ 최정민 2025
ISBN 978-89-6339-756-6 03810

*이 책의 판권은 지은이와 책나무출판사에 있습니다.
*양측의 서면 동의 없는 무단 전재 및 복제를 금합니다.
*잘못된 책은 바꿔드립니다.